2024

中国匹克球运动竞赛规则

（2024）

中国网球协会　审定

人民体育出版社

图书在版编目（CIP）数据

中国匹克球运动竞赛规则. 2024 / 中国网球协会审
定. -- 北京 ：人民体育出版社，2024 （2025.6重印）
ISBN 978-7-5009-6463-6

Ⅰ. ①中… Ⅱ. ①中… Ⅲ. ①球类运动－竞赛规则－
中国－2024 Ⅳ. ①G849.9

中国国家版本馆CIP数据核字(2024)第093870号

中国匹克球运动竞赛规则. 2024

中国网球协会　审定
出版发行：人民体育出版社
印　　装：北京中献拓方科技发展有限公司

开　本：850×1168　32开本　　印　张：2.875　　字　数：91千字
版　次：2024年8月第1版　　印　次：2025年6月第3次印刷
书　号：ISBN 978-7-5009-6463-6
定　价：20.00元

▶▶▶ 出版说明

　　本规则是参考了国际匹克球运动的相关规则，并结合了中国匹克球运动发展的实际情况进行编写审定的，旨在促进匹克球运动健康有序发展。本规则是中国网球协会于 2024 年颁布的最新版本，适用于国内所有级别的匹克球比赛。

　　中国网球协会负责审定和解释本规则，并且拥有修改、补充及最终解释权。

中国网球协会

2024 年 6 月 12 日

CONTENTS
目 录

04

第 4 部分

第 5 部分

第 6 部分

10

第 10 部分

认证的比赛和赛制 / 063

11

第 11 部分

赛事管理和运营 / 071

12

第 12 部分

PART 1

第 1 部分

匹克球运动概述

1.1 简介

匹克球是一种使用特殊穿孔球的球拍式运动，在一个中间设置有球网，长 13.41 米（44 英尺），宽 6.10 米（20 英尺）的长方形场地上，进行挥拍对打的运动项目。球场划分为左右两个完全相同的半场，每个半场由右接发球区、左接发球区和非截击区组成。

球以斜对角越过球网的方式发到对方的接发球区。球在球网上空来回击打，直到一名运动员没有按规则把球回击到对方有效场地而导致违例为止。

匹克球比赛分单打和双打，也可以进行混合双打和团体比赛。计分方式有发球得分制和直接得分制两种。

1.2 匹克球运动精神

匹克球是一种基于合作和礼仪的运动项目，始终把任何不确定的获益给予对手是匹克球公平竞赛的本质和基础，这对于保持这项运动的乐趣和竞争至关重要。为此：

o 无论是否是关键得分点，所有得分都被同等对待；比赛的第一分和赛点分一样重要。

o 双打搭档中的任何一方都可以呼叫违例，尤其是确认球是否出界。

o 快速及时的呼报可排除"两次机会选择"。例如，一名运动员在击球 "出界"后，不能再主张是因为有球滚入球场受到了干扰才导致球出界，运动员选择击球的同时就意味着放弃了主张受到干扰的权利。

o 当遇到本规则没有涵盖的判例或其他情况时，双方运动员必须礼貌友好沟通，沟通后的结果有可能是重赛，有可能是比分有效，或者是要求裁判员解决。

o 竞赛规则的制定应尽可能考虑到运动员的各种合理需求。

01

o 运动员须避免穿着与比赛用球颜色相近的比赛服。

1.3　　项目特征

两次反弹规则。发球后，双方在打截击球之前必须各击打一次落地反弹球。

非截击区 (NVZ，Non-Volley Zone)。从球网每边延伸2.13 米（7 英尺）内的区域是非截击区。运动员在此区域内，不得在球没有落地反弹前直接击球。

使用轮椅的运动员可以让球落地反弹两次后再接球，第二次反弹可以在比赛场地的任何地方，包括场地周围的缓冲区域。

PART 2

第 2 部分

名词定义

2.1　　场地及设备相关

2.1.1　　比赛场地：场地和场地周围指定用于比赛的区域。

2.1.2　　场地：底线和边线尺寸内的区域。

2.1.3　　对角线场地：击球时所在场地的对角线对面的场地。

2.1.4　　想象延长线：用于描述一条线在其末端点向外假想延伸时产生的延伸线。如果这条线没有被限制在比赛区域的边界，运动员和裁判员应将这条线无限延伸。

2.1.5　　左发球区：面对球网时，位于场地左侧的发球区。在单打和直接得分制双打比赛中，本方得分为奇数时，发球员应位于本方场地的左发球区。在发球得分制双打中，本方得分为奇数时，佩戴首发标识的首发球员应位于本方场地的左发球区。

2.1.6　　非截击区：球网两侧 7 英尺乘以 20 英尺的区域，所有围绕非截击区的线都是非截击区的一部分。非截击区是二维的，并不包括非截击区场地上方的空间。

2.1.7　　球拍握把调整：改变握把大小或握把稳定的非机械装置。

2.1.8　　球拍面：球拍面部分，不包括手柄握杆。

2.1.9　　球网平面：延伸到球网系统之外侧面的假想垂直平面。

2.1.10　右发球区：面对球网时，位于场地右侧的发球区。在单打和直接得分制双打比赛中，本方得分为偶数时，发球员应位于本方场地的右发球区。在发球得分制双打中，本方得分为偶数时，佩戴首发标识的首发球员应位于本方场地的右发球区。

2.2　　发球及站位相关

2.2.1　　第一发球员：在发球得分制双打比赛中，根据比分在交换发球权后，位于右发球区发球的运动员。

2.2.2　　接发球员：位于发球员对角线的回球球员。根据运动队的得分，可能会出现接发球的运动员不是正确的接发球员。

2.2.3　第二发球：在发球得分制双打比赛中，这个术语用来描述发球方输掉被赋予的两次发球权中的第一次时的情况。

2.2.4　第二发球员：在发球得分制双打比赛中，第一发球员的搭档。第一个发球员失去发球权后，第二发球员接过发球权。

2.2.5　发球：有意识地用球拍击球开始一个回合对打。

2.2.6　发球员：发起回合对打的运动员。根据运动队的得分，有可能发球的运动员不是正确的发球员。

2.2.7　发球有效区：中线两侧的区域，包括中线、边线和底线，不包括非截击区。

2.2.8　发球区域：底线后面，场地中心线和边线假想延长线之间的区域。

2.2.9　换边发球：单打或双打队伍失去发球权后将发球权交给对手。

2.2.10　首发球员：在发球得分制双打比赛开始时，每队指定首先发球的运动员。在双打比赛中，首发球员必须佩戴由赛事监督／裁判长决定的明显的身份标识。

2.3　得分及违例相关

2.3.1　运球：击球但不使球从球拍上弹开，而是停在球拍面上。

2.3.2　死球：比赛或者对打中止的状态。

2.3.3　落地弹跳两次：当球被回击到对方场地之前，在一方场地已经落地弹跳两次。

2.3.4　双击：在球被击回之前被球拍击中两次。

2.3.5　球触地后击球：在球落地反弹后的击球。

2.3.6　外来干扰：任何不因运动员造成的，且对比赛造成不利影响临时突发的因素或事件，不包括永久性物体。例如，包括但不限于球、飞虫、异物、另一场地的运动员或工作人员等，裁判员认为影响了运动员控球能力。

2.3.7　呼叫出界球：运动员或司线员需大声告知裁判员或运动员一个有效的击球没有落在规定的场地内。通常首选词是"界外"（OUT）。独特的手势可以与出界呼叫一起使用。其他如"出界""出线"也可以被接受。

2.3.8　活球（比赛进行中的状态）：裁判员或发球员（或发球员的搭档）宣布比分开始到形成死球为止。

2.3.9　惯性动能：身体处于运动中的一种属性，例如，运动员在凌空截击球后，运动员会在接触球后继续运动。只有当运动员恢复平衡和控制他们的运动或停止向非截击区移动时，截击所产生的惯性动能才算结束。

2.3.10　永久固定物：场地上或附近的任何物体，包括悬挂在场地上方的物体，这些物体会干扰比赛。永久固定物包括天花板、墙壁、围栏、照明设备、网柱、网柱腿、看台和观众座位、裁判员、司线员、观众以及球场周围和上方的所有其他物件。

2.3.11　分散对手注意力：依据裁判常识和经验，运动员"在比赛中不常见"的身体动作，可能会干扰对手击球的能力或注意力。例如，但不限于这些例子：制造巨大的噪音；跺脚；以故意干扰的方式挥动球拍或以其他方式干扰对手的注意力或击球能力。

2.3.12　回合对打：发球后一直到一方失误、违例前的连续来回击球。

2.3.13　重赛：无论任何原因重新开始的一个回合对打。此时没有一方得分或者更换发球员。

2.3.14　截击：在回合对打中，在球落地反弹之前将球凌空回击。

2.3.15　轮椅运动员：无论是否残疾，任何人都可以坐在轮椅上参加比赛。轮椅被认为是运动员身体的一部分。

2.4　处罚相关

2.4.1　场外指导：运动员与其搭档之外的人交流，包括口头的、非口头的和电子的，运动员或运动队可以根据这些信息采取行动以获得优势或帮助他们避免违反规则。

2.4.2 驱逐：运动员有公然的、极坏的违规行为，赛事监督 / 裁判长有理由将其驱逐出比赛。运动员可以留在比赛的场馆，但不能再参加任何比赛。

2.4.3 驱逐出赛场：运动员有不能容忍的违规行为，赛事监督 / 裁判长有权禁止该运动员参加任何当前和未来的赛事。此外，运动员应立即离开比赛的场馆，并且在余下的整个赛事结束前不得返回。

2.4.4 违例：违反规则导致死球、结束一个回合。

2.4.5 强制弃赛：严重的违规行为，或技术警告、技术犯规的组合判决，都会导致判对手赢得此局或此场比赛。

2.4.6 亵渎：在公众场合和有孩子的场景下，常见或者不常见的、没有礼貌的、不合适的词语、短语或手势，尤其是一些辱骂性质的语言。

2.4.7 弃赛：运动员、运动队决定中止比赛，其对手获得比赛胜利。

2.4.8 技术犯规：裁判员对违规行为的评定导致违规队的得分被扣除一分。若违规队的得分为零，对方的得分将增加一分。如果已经发出了一次技术警告，又获得第二次技术警告，则应判技术犯规，或根据裁判员的判断认定运动员或运动队的行动属于技术犯规。

2.4.9 技术警告：裁判员对运动员或运动队违规行为的警告。技术警告既不扣分也不加分。

2.4.10 口头警告：裁判员对违规行为的警告。每场比赛可向每支运动队发出一次口头警告。

2.4.11 退赛：运动员、运动队要求从指定组别退出任何即将到来的比赛。

判例： A/B 两队正在进行三局两胜制的男双冠亚军决赛，在决胜局比赛进行到 10 : 10 的时候，A 队运动员正准备发球时，A 队的教练员在场外连续高声呼叫"暂停，暂停"，你作为裁判员如何处理？

答案： 立即停止比赛，对 A 队教练员说"请停止场外指导。"然后，对 A 队处罚一次技术警告。

PART 3

第 3 部分

场地和设备

3.1 场地

标准的匹克球场地尺寸如图 3-1 所示。

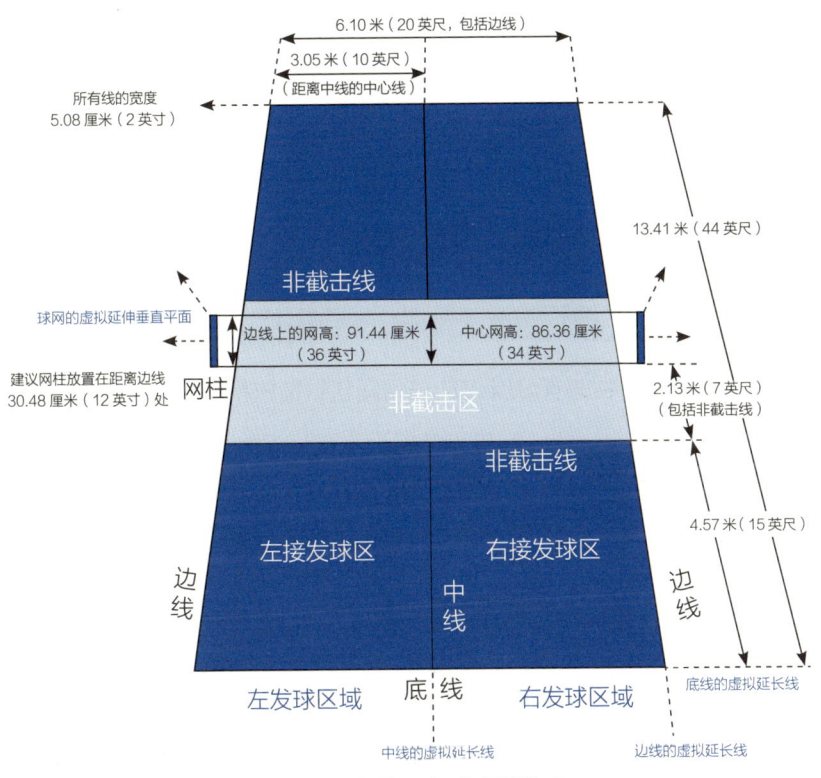

图 3-1 标准匹克球球场尺寸

3.1.1 场地应为宽 6.10 米（ 20 英尺），长 13. 41 米（44 英尺）的长方形，可用于单打和双打比赛。

3.1.2 场地尺寸应从场地外侧周围和非截击区线的最外侧测量，所有的线应为 5.08 厘米（ 2 英寸）宽，并且所有线条的颜色要相同，且与比赛场地的颜色形成鲜明的对比。

3.1.3　　　　用于正式比赛的场地大小至少不低于长 18.29 米（60 英尺），宽 9.14 米（30 英尺）。国际性赛事两边还需留出 3.05 米（10 英尺）的区域，整个比赛区域为长 19.51 米（64 英尺），宽 12.19 米（40 英尺）。场地尺寸其他建议如表 3-1 所示。

表 3-1　其他场地尺寸

场地类型	长：米（英尺）	宽：米（英尺）
新建场地	19.5（64）	10.36 (34)
比赛场地	19.5（64）	10.36 (34)
轮椅场地	22.56 (74)	13.41 (44)
中心场地	24.38 (80)	15.24 (50)

3.2　球网

3.2.1　　　　材料：球无法穿过的任何网状织物材料。

3.2.2　　　　网柱：网柱的最大直径为 7.62 厘米 (3 英寸)，且两个网柱间距为 6.71 米 (22 英尺)。

3.2.3　　　　尺寸：网柱之间的球网净长度应至少为 6.63 米 (21 英尺 9 英寸)，球网本身的高度至少为 76.20 厘米 (30 英寸)。

3.2.4　　　　边缘：球网顶部应采用宽 5.08 厘米 (2 英寸) 的白色胶带固定，胶带内需穿过绳索或线缆。这个固定边缘必须紧贴在绳索上。

3.2.5　　　　高度：球网中心高度为 86.36 厘米 (34 英寸)，边线处的高度为 91.44 厘米（36 英寸），有永久性球网的建议安装一条中央绑带以方便调整高度。

3.3　球

3.3.1　　　　设计：球上应至少有 26 到最多 40 个圆孔，孔的间距和球的整体设计应符合飞行特性。球的表面必须有制造商或供应商的名称，或商标的印刷或雕刻。

图 3-2 右侧的球有较大的球洞，通常用于室内比赛；左侧小孔的球通常用于室外比赛。颜色可能有所不同。所有批准的球都可以用于室内或室外比赛。

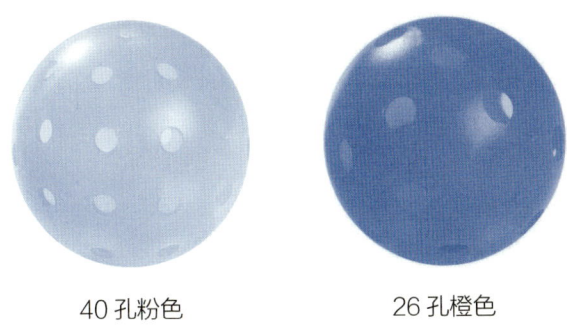

40 孔粉色   26 孔橙色

图 3-2   两种匹克球规格

3.3.2   批准：赛事组委会或赛事监督 / 裁判长有权选择比赛用球。任何中国网球协会批准使用的比赛用球必须在中国网球协会官方网站的认证匹克球清单上。官方网站：http://tennis.org.cn.（通过相关报备流程或者相关测试合格后，中国网球协会将不定期陆续公布批准使用的匹克球品牌和型号）。

3.3.3   结构：球体应由耐用材料制成，表面光滑无纹理。除识别标记外，球的颜色应该是单色。接缝处允许有轻微的凸起，但是不能明显影响球的飞行特性。

3.4   球拍

3.4.1   材料：球拍须由安全材料制造，且符合中国网球协会的使用标准。

3.4.2   表面：球拍表面不得具有孔洞、凹陷、裂纹、粗糙纹理或任何破坏球拍表面及表面层的物体或特征。

3.4.2.1   反光性：球拍表面不应具有过大的反光性，以免让对手视力产生负面影响。

3.4.3   尺寸：包括球拍的保护边缘和底部在内的球拍长宽之和不

得超过 60.96 厘米 (24 英寸)。球拍长度不得超过 43.18 厘米 (17 英寸)，球拍厚度没有限制。

3.4.4　　　重量：球拍没有重量限制。

3.4.5　　　改装：改装过的球拍必须符合所有规格要求。

3.4.5.1　　对于商业制造的球拍，允许的改动或添加附件包括边缘保护框条、铅胶带、握把尺寸或手胶，以及球拍表面上的其他标识。

3.4.5.2　　贴纸和胶带不得超出握把顶部 2.54 厘米 (1.0 英寸) 或球拍外缘内侧超过 1.27 厘米 (0.5 英寸)，边缘防护装置不得延伸到球拍内侧 1.27 厘米 (0.5 英寸)。

3.4.5.3　　球拍表面上允许有手写标记，只要它们不影响表面粗糙度且美观。除了"手写"笔迹标记外，球拍上不允许再添加其他图案。

3.4.6　　　禁止的表面特征和机械特征：

3.4.6.1　　不允许使用防滑涂料，或任何砂粒、橡胶或乙烯基化合物质地的涂料，以及任何可能增加球旋转的材料。

3.4.6.2　　不得使用橡胶或合成橡胶。

3.4.6.3　　不得具有类似砂纸的特性。

3.4.6.4　　不得使用能增加球拍顶部动量的活动部件。

3.4.6.5　　不得使用可拆卸部件。除了球拍握把大小调整或手胶，以及球拍边缘的铅胶带外，不允许有其他可拆卸部件。

3.4.7　　　型号名称。球拍上必须有制造商提供的清晰标记的品牌和型号名称。品牌和型号信息可以通过制造商粘贴的贴纸显示在球拍上。

3.4.8　　　球拍批准和授权：

3.4.8.1　　中国网球协会批准使用的球拍列表。运动员有责任确认他们在比赛中使用的球拍是在中国网球协会认证球拍列表中显示"通过"的。官方网站：http://tennis.org.cn.（通过相关报备流程或者相关测试合格后，中国网球协会将不定期陆续公布批准使用的匹克球拍品牌和型号）。

3.4.8.2　违规：如果在赛事期间，运动员使用的球拍违反了任何球拍规格，或者没有在中国网球协会批准使用的球拍列表中，则适用以下处罚：

如果在比赛开始前发现球拍违规，运动员可以换一把在中国网球协会批准使用的球拍列表上的其他球拍，则不会受到处罚。

如果在比赛开始后发现球拍违规，该运动员或运动队将被强制放弃正在进行的整场比赛。

如果在记分表返回到赛事工作组后发现球拍违例，比赛结果仍然有效。

3.5　服装

3.5.1　安全和分散注意力：有安全风险或者不适合比赛的服装会被要求更换，特别是与比赛用球颜色接近的比赛服。

3.5.2　外观：比赛服装上的图形、标志、图片和文字必须具有良好的审美。

3.5.3　球鞋：鞋底不能划伤或损坏场地表面。

3.5.4　违例：赛事监督 / 裁判长有权强制要求更换服装，更换服装的时间不占用标准暂停时间次数。如果运动员拒绝更换服装，赛事监督 / 裁判长有权取消该运动员的该场比赛资格。

判例 1：比赛开始前，运动员可以拒绝裁判员对其球拍的检查。
答　案：错误。
判例 2：A 队穿着黄色运动服和鞋子来到球场。B 队来找你，说 A 队的着装让人分心，并要求裁判员让他们更换服装。你的回应是什么？
答　案：马上汇报赛事监督 / 裁判长，请他做出裁定。

判例 3：一场三局两胜制的比赛进行中，裁判员确认某运动员的球拍违例，应如何判处？

答　案：判处该运动员本场比赛强制弃赛，比分为 11：0、11：0。

PART 4

第 4 部分
发球、发球动作和得分规则

4.1　发球

4.1.1　发球前必须先呼报完整的比分。

4.1.2　发球落点：发球员必须将球发在正确的接发球区（发球员斜对角的区域）。发球运行过程中可以触网，但落点必须越过非截击区和非截击线。允许落在对应的接发球区任何线上。

4.1.3　发球过网或触网后触及接球方或接球方的搭档，发球员直接得一分。

4.1.4　发球的瞬间：

4.1.4.1　至少有一只脚在底线后地面上（不可双脚同时离地）。

4.1.4.2　双脚都不得接触底线或底线内的场地。

4.1.4.3　双脚均不能触碰边线或中心线假想延长线以外的地面。

4.1.4.4　轮椅两个后轮必须在底线后面的比赛场地上，且不得接触底线上或底线内的场地，也不得接触边线或中线假想延长线以外的场地。

4.1.5　截击式发球：截击发球就是球在落地前将球击出，可以使用正手或反手击球。正确的截击发球包括以下几个要素：

4.1.5.1　在击球时，发球员的手臂必须由下往上呈弧线运动。（图 4-1 为发球合规）

图 4-1　正确发球动作

4.1.5.2 　　在击球时，球拍的最高点不能超过手腕最高点的水平线（腕关节弯曲的地方）。（图 4-2 属发球违例）

图 4-2　发球违例动作 1

4.1.5.3 　　击球点不得超过腰部水平高度。（图 4-3 属发球违例）

图 4-3　发球违例动作 2

4.1.5.4 　　发球：发球时只能用一只手释放球。球从手中松开的过程中，有一些自然的旋转是可以的，但发球员不应在击中球前用身体的任何部位操纵球使其旋转。只使用一只手的运动员可以用他们的球拍来执行截击发球。

在有裁判员执裁的比赛中，发球员释放球的过程必须能被裁判员和接球员看到。在没有裁判员的比赛中，接球员必须能看到发球员释放球的过程。如果裁判员或接球员看不到球的释放过程，可以在接球前要求发球方重新发球。

4.1.6　　落地式发球：在球落地反弹后击球，可用正手或反手击球。没有限制球的反弹次数，也没有限制球在场地上反弹的位置。一个正确的落地发球包括以下要素：

4.1.6.1　发球员须仅用一只手从任何自然（无辅助）高度将球释放。

4.1.6.2　不得用手将球下投或上抛，也不可使用球拍将球向上击打。

4.1.6.3　在 4.1.5 中的截击发球的限制不适用于落地发球。

4.1.7　　重发球或发球违例：在有裁判员执裁的比赛中，裁判员如果不能判定发球的一个或多个动作是否符合发球规定，可以要求重发球。重发球必须在接球方击球之前进行呼叫。如果裁判员能判定发球的一个或多个动作没有符合发球规定，可立即判发球违例。在没有裁判员（信任制）的比赛中，如果接球员确定发球员在释放球时进行了旋转操作，或看不到球的释放动作，接球员可以在接球前要求重发球。

4.2　　运动员站位位置

4.2.1　　发球员和接球员：发球员、接球员及他们的站位，是由分数和比赛中运动员的起始位置来决定的。

4.2.2　　发球得分制的比赛开始时，首发球员根据比分决定从场地的哪一边进行首发球。

4.2.3　　每位运动员都必须发球，直到该运动员或该队一个回合对打失败或发生违例为止。

4.2.4　　只要发球员保持发球的权利，每得一分后，发球员将从右发球区域和左发球区域来回轮流发球。

4.2.5 单打：

4.2.5.1 如果发球员的分数是偶数（0，2，4），那发球必须在右发球区域进行，并由对手在右接发球区接球。

4.2.5.2 如果发球员的分数是奇数（1，3，5），那发球必须在左发球区域进行，并由对手在左接发球区接球。

4.2.5.3 发球员输掉一个回合或违例后，需交换发球权，发球权转移给对手。

4.2.6 双打：

4.2.6.1 发球得分制双打：

通常一个队的两名运动员各有一次发球机会，但是在每局比赛开始时，由首发球员发球，并且只有一次发球机会。每局比赛开赛的首发球员被指定为"第二发球员"，所以一旦输掉这个来回对打或违例，发球权便更换到对方球队。

4.2.6.1.1 每次交换发球权后，总是从右发球区域先发球。

4.2.6.1.2 当运动队比分是偶数(0，2，4)时，该队的首发球员的正确位置是在右发球区。当运动队比分是奇数(1，3，5)时，首发球的正确位置是在左发球区。

4.2.6.1.3 换边发球后，发球方的运动员须从球场的右发球区域首发球，该运动员需根据运动队的得分在正确的站位上发球。该运动员被称为"第一发球员"，而他的搭档是"第二发球员"。

4.2.6.1.4 第一发球员发球每赢一分后，便持续在左、右发球区域轮流发球，直到一次回合对打失败或发球违例。接发球方两名运动员的位置则保持不变。

4.2.6.1.5 在发球方的第一发球员输掉对打回合或者违例后，第二发球员将从正确的位置发球，同样是赢球后左右交替发球区域直到一个回合对打失败或发球违例。接发球方两名运动员的位置则保持不变。

4.2.6.2　　直接得分制双打：

4.2.6.2.1　当发球方的比分为偶数时 (0，2，4)，发球方的运动员须从右发球区域发球。当发球方的比分为奇数时 (1，3，5)，发球方的运动员须从左发球区域发球。

4.2.6.2.2　发球方发球每赢一分后，便持续在左、右发球区域轮流发球，直到一次回合对打失败或发球违例。接发球方两名运动员的位置则保持不变。

4.2.6.2.3　换边发球后，根据比分和 4.2.6.2.1 规则确定正确的发球位置。

4.2.7　　搭档位置：

在双打中，除了发球员 (见 4.1.4) 以外，对任何其他运动员的位置没有限制，只要所有运动员都在各自队伍的球网一侧。他们可以站在场内或场外。正确的发球员必须从正确的发球区域发球，由正确的接球员接发球。

4.2.8　　在发球之前，任何运动员都可以向裁判员询问分数，谁是正确的发球员或接球员，或任何运动员是否处于错误的位置等。如果发球员提问一些基本的问题，如"我的位置对吗？"应理解为正确的发球员问题和正确的站位问题，裁判员需回答如"对的"或"不对"。对于没有裁判员（信任制）的比赛，运动员可以问对手同样的问题，对手应该用适当的信息来回答。

4.2.9　　如果有必要的话，在宣布比分之前，裁判员需确认，所有的运动员都在正确的位置上，以及正确的发球者拿到球。

4.2.9.1　如果裁判员或运动员停止正在进行的对打回合，正确地指出了运动员 / 位置错误，该回合将重打。如果运动员 A 停止了对打，并且错误地指出了一名运动员 / 位置的问题，则是运动员 A 违例。如果裁判员停止了正在进行的对打，并且错误地指出了一名运动员 / 位置问题，该对打将重打。

4.2.9.2　如果在一个回合结束后发现运动员 / 位置错误，这个回合的比分结果仍然有效。

04

4.3　准备就绪

任何运动员都可以在报分前表示"没有准备好"。

4.3.1　必须使用以下其中一种信号示意"没有准备好"：①将球拍举过头顶；②将未持球拍的手举过头顶；③完全背对着球网。

4.3.2　在报分已经开始后，"没有准备好"信号将被忽略，除非有干扰情况发生，但是运动员或运动队不在他们的位置上不是一种干扰比赛的情况。

4.4　呼报比分

在发球员与接发球员都已经就位（或应该就位）且所有运动员就位后，将呼报比分并准备开始比赛。

4.4.1　在没有裁判员（信任制）的比赛中，发球员通常要呼报比分，但如果发球员不能呼报比分，发球员的搭档可以呼报比分。在比赛过程中，除非有声音障碍，否则呼报比分的人不得改变。

4.5　发球 10 秒规则

一旦呼报比分，发球员有 10 秒的时间发球。

4.5.1　如果发球员发球时间超过 10 秒，将被宣布违例。

4.5.2　呼报比分后，如果发球员更换发球位置，裁判员应停止比赛，让所有运动员重新站位，然后重新呼报比分，重新开始 10 秒计时。在没有裁判员（信任制）的比赛中，发球员将同样被允许重新站位，并将重新呼报比分，重新开始 10 秒的计时。

4.6　得分方法

发球得分制的单打运动员或双打运动员只有在发球时才能得分，而直接得分制无论是发球还是接球，只要赢得一个回合就可以得分。不过当一方被判技术犯规且犯规方得分为零时，对手也能得分。

4.7　赢一分

发球得分制比赛发球后赢得回合，或直接得分制赢得回合对打，将得到 1 分。

4.8　赢一局球

先获得该局制胜分的一方获胜。

4.9　在单打和直接得分制双打比赛中呼报比分

比分由两个数字组成，呼报比分的正确顺序是发球员得分，然后是接发球员得分（例如，"1∶0"）。

4.10　在发球得分制双打比赛中呼报比分

比分由三个数字组成，呼报比分的正确顺序：发球方得分∶接发球方得分，发球方运动员顺序号（1 或 2）。在每局比赛开赛时，比分宣布为"0∶0，2 发"。

4.11　比分呼报错误

如果裁判员或运动员呼报错了分数，裁判员或任何运动员可以在接发球前停止比赛且纠正分数，然后呼报出正确的分数后重新发球比赛。若是接球方已经接球，那比赛将继续到此回合结束，并在下一次发球前修正比分。如果运动员在已经回球情况下擅自停止比赛以确认或要求更正比分，将判其违例并输掉此回合。不管在任何时候，运动员停止比赛以确认或要求更正比分，而比分是正确的，该运动员将被判违例并输掉此回合。

4.12　发球脚违例

在发球过程中，当球被击中时，发球员的脚应：

4.12.1　不要触及边线假想延长线以外的区域。

4.12.2　　不要触及中心线假想延长线错误一侧的区域。

4.12.3　　不触及球场场地，包括底线。

4.13　　发球违例

在发球过程中，如果出现以下情况，则属于发球员违例：

4.13.1　　发球后球在落地前碰到任何永久固定物体。

4.13.2　　发球后球触及发球员或其搭档，或发球员或其搭档佩戴或拿着的任何东西。

4.13.3　　发球后球落在非截击区内，包括非截击线。

4.13.4　　发球后球落在接发球区外。

4.13.5　　发球触网后球落在非截击区内。

4.13.6　　发球触网后球落在接发球区外。

4.13.7　　发球员在使用截击发球时使用了不正规发球（如规则 4.1.6 所述）或落地发球（如规则 4.1.7 所述）使用了不正规发球方法。

4.13.8　　发球员或其搭档在发球后提出暂停。

4.13.9　　宣布比分期间发球员击球发球。

4.13.10　发球员违反了规则 (4.1.4) 中列出的任何规则。

4.14　　接球违例

当接发球队的运动员违例，发球方将直接得一分。

4.14.1　　接发球员或其搭档在球落地反弹之前触碰到球或干扰球的飞行。

4.14.2　　接发球员或其搭档在发球后提出暂停。

判例 1：发球时，不允许用手操纵球使其旋转，即使球自然旋转也是不允许的。

答　案：错误。球在自然下落过程中产生的自然旋转是允许的。

判例 2：如果裁判员无法确定发球员的发球动作是否符合规则要求，可以停止比赛并要求发球员重发球。

答　案：正确。裁判员有权要求运动员重发球。

判例 3：运动员使用截击式发球时，裁判员注意到他的球拍最高点的水平线远高于其手腕水平线，立即判罚发球违例。

答　案：正确。按规则规定，在击球时，球拍的最高点不能超过手腕最高点的水平线。

判例 4：接发球员的搭档或发球员的搭档可以站在他们本方球场的任何地方。

答　案：正确。

判例 5：在三局两胜的发球得分制比赛中，第 1 局比赛结束以后，A 队收到一次技术犯规。B 队将以"1-0-2"的比分开始发球进行第 2 局比赛。B 队的首发球员应从左侧球场开始发球。

答　案：正确。按规则，当本方得分为奇数时，首发球员的位置在左侧发球区。

判例 6：发球击球时，发球员的脚不得接触边线或中线假想延伸线以外的区域，也不得接触球场，包括底线。

答　案：正确。

判例 7：第 1 局比赛结束后，A 队更改了他们的首发球员和佩戴标识，但没有通知裁判员或对手。在第 2 局比赛开始时，A 队发球开始比赛，发球员佩戴了首发标识。这应该是违例。

答　案：错误。

判例 8：如果发球员在尝试发球时没有击中球，只要接下来的发球发生在 10 秒计数到期之前，就不是违例。

答　案：正确。

04

判例 9：如果裁判员在一个回合对打结束后发现 A 运动员接发球位置错误，这个回合将重打。

答　案：错误。已经进行的回合有效。

PART 5

第 5 部分

发球和选边规则

5.1　场地、发球、接发球或对方先选

5.1.1　应使用公平的方法决定哪一名运动员或哪一运动队获得选择权，并可以选择发球 / 接发球，场地，让对方先选（例如，在记分表上写 1 或 2，掷硬币）。如果胜者选择先发球或先接发球，另一方则选边。如果胜者先选边，另一方则选择发球或接发球。一旦做出选择，就不能更改。

5.1.2　在发球得分制双打比赛中，各队可以在每局比赛之前改变首发球员，并告知裁判员。在没有裁判员（信任制）的比赛中，如果首发球员有变化，应该通知对手。比赛的首发球员是佩戴首发球员身份标识的运动员。没有发出此通知不算违例。一旦比赛开始，如果裁判员注意到首发球员已经改变，则裁判员需在这个回合结束后相应地在记分表上标注。

5.1.3　在发球得分制双打比赛中，首发球员必须明显佩戴由赛事监督 / 裁判长选定的身份标识。

5.2　交换场地

5.2.1　每局比赛结束后，各队交换场地、重新确定首发球员。

5.2.2　局与局之间允许两分钟休息。如果两个队都同意，可提前开始比赛。

5.2.3　在三局两胜 11 分或 15 分制的比赛中，在第三局比赛中，其中一队达到 6 分或 8 分时，双方需交换场地。发球权仍属于换边前的应发球员。

5.2.4　在一局定胜负 15 分的比赛中，当其中一队得分达到 8 分时，双方需交换场地。发球权仍属于换边前的应发球员。

5.2.5　在一局定胜负 21 分的比赛中，当其中一队得分达到 11 分时，双方需交换场地。发球权仍属于换边前的应发球员。

5.2.6　交换场地暂停，第三局比赛中允许有一分钟的交换场地暂停。

5.2.7　　　达到换边分时，如果发球方获得技术犯规而扣除一分，不影响换边。

判例：在发球得分制 A 队与 B 队的女子双打比赛中，当裁判员宣布 A 运动队的比分是 8 比 5，2 发时，B 队的首发球员的正确位置是在右 / 偶数场。

答案：错误。应该在左 / 奇数场地。

PART 6

第 6 部分
界内外球规则

6.1　　界内外球定义

6.1.1　　发球越过非截击区并落在正确的接发球区内，或落在任何正确的接发球区场地线上，都是界内球。

6.1.2　　除了发球外，比赛中任何落在场地上或触及场地边线的球都是界内球。

6.1.3　　完全接触到比赛场地以外区域的球都是界外球。

6.2　　出界球判定的道德准则

匹克球是按照特定规则进行的运动。它需要道德准则来规范运动员在比赛中的责任。运动员判定出界球的职责不同于裁判员或司线员的职责。裁判员在做出公正的判决时会考虑到所有运动员的利益。当运动员负责出界球判定的时候，他必须努力做到准确，在判定中有疑问或不确定的时候，需遵循有利于对手的原则和方式进行解决。

6.2.1　　运动员有责任判定并呼叫在他们自己一方场地的球是否出界及违例。在有一个裁判员时，由裁判员负责短发球、发球违例和所有非截击区违例的呼叫。

6.2.1.1　　如果运动员呼叫了一个出界球，若裁判员明确看到球在界内，裁判员可以主动介入并呼报界内。

6.2.1.2　　如果运动员已经呼叫了一个出界球，然后询问对手或裁判员的意见，如果对手或裁判员清楚地看到"界内"或"界外"，则以对手或裁判的判定为准。

6.2.1.3　　如果对手或裁判员不能做出明确的裁定，则运动员的初始呼叫裁定有效。

6.2.1.4　　如果对对手做出的出界裁定有质疑，可以向裁判员申诉，由裁判员做出最终的"界内"或"界外"的裁决。

6.2.2　　在有裁判员和司线员的比赛中，运动员仅负责中心线的错区发球违例呼叫。

6.2.3 若运动员对界内外呼叫有任何不确定或疑问，都以对手获利为准，任何不能被确定"出界"的球都将被视为界内球。运动员不能因为球未被清楚地认定是在界内还是界外而要求重赛。如果运动员没有清楚地看到球落地，他可以请求裁判员判决。如果裁判员不能做出判断，球就是"界内"。当运动员、运动队向裁判员申诉时，他们就失去了主张任何"界内"或"界外"判决的权利。

6.2.4 任何界内外的判定都不应咨询观众。

6.2.5 运动员 / 运动队可以询问对方球是否在对方场地那端出界。如果对方能明确地裁定"界内"或"界外"，那就必须接受。如果对手不能做出一个明显的"界内"或"界外"的判决，那么这个球就被判为接球方的"界内"。当运动员、运动队询问对手的意见时，他们就不可以对判决提出异议了。运动队、运动员也可以请求裁判员做出明确的判决。如果裁判员不能做出明确的判决，则以对手的呼叫结果为准。

6.2.6 当球落地时，除非运动员可以清楚地看到线和球之间的空隙，否则不能做出"出界"呼叫。

6.2.7 "出界"呼叫必须立即与及时，即在对方接球或球变成死球之前。

6.2.8 在双打比赛中，如果一名运动员呼叫"界外"，而他 / 她的搭档呼叫此球"界内"，这种存在疑问情况下应判定为"界内"。任何运动员都可以对裁判员的判决提出申诉。如果裁判员没有看清楚此球，则球在界内。

6.2.9 "出界"呼叫应该立即用声音或手势发出信号（如规则12.5.2）。

6.2.10 当球还在空中时，如果一名运动员大喊"出界""不""等球落地"或其他任何话来告诉他的搭档球可能出界了，这只能被视为是运动员之间的交流，而不能被认定是出界呼叫。

6.2.11 球落地后呼叫"出界"，被视为是出界呼叫，此球为死球，比赛应该立即停止。如果在申诉中，裁判员否决了任何形式的"出界"呼叫，那么呼叫"出界"的运动员或运动队将被判决违例。例如，如果比赛有司线员，则由司线员负责对底线和边线的判定。(见规则 12.5.2)

6.2.12　　在一个回合对打结束后，运动员可以要求裁判员改判对自己不利的判决。

判例 1 : 任何不能被确定为"出界"的球都必须被认定为"界内"。

答　案 : 正确。

判例 2 : 运动员不确定出界与否，可以向自己的教练员询问边线球的呼叫判定。

答　案 : 错误。

判例 3 : 运动员可以在一个回合期间或之后，宣布对自己不利的违例或界内外呼叫。

答　案 : 正确。

PART 7

第 7 部分
违例、死球规则

这场比赛将被宣布弃赛。

9.2.3　　如果医务人员或赛事监督 / 裁判长判定不需要进行医务治疗的情况下，运动员或运动队将被判罚扣除一次标准暂停，并可给予技术警告。

9.2.3.1　如果标准暂停次数已经用完，则判决技术犯规。

9.2.3.2　该运动员在该场比赛中不能再申请医疗暂停。

9.2.3.3　每场比赛一个运动员只能申请一次医疗暂停。

9.2.4　　使用规则 9.1.5 恢复继续比赛。

9.2.5　　血迹：如果运动员或场地上有血迹，在出血得到控制、衣服和球场上的血迹被清除之前，比赛不得继续。

9.2.5.1　血迹清理或出血控制，将被视为裁判暂停。

9.2.5.2　使用规则 9.1.5 恢复继续比赛。

9.3　　恢复比赛

比赛应该是连续的，依据裁判员判断，只要不影响比赛，允许运动员在回合之间快速喝水或用毛巾擦汗。比赛重新开始时，裁判员呼报比分后继续比赛。

9.4　　装备暂停

运动员应该保持比赛服装和装备处于良好的比赛状态。如果为了保证比赛能公平和安全继续，裁判员可要求运动员必须更换或调整装备，裁判员可给予合理的装备暂停时间。使用规则 9.1.5 恢复继续比赛。在非正式比赛中，运动员自行沟通设立合理的装备更换办法。

9.4.1　　允许运动员在回合间快速调整服装和装备（例如，系鞋带、清洁眼镜、调整帽子）。

9.5　　局间休息时间

局与局之间的标准休息时间是 2 分钟。使用规则 9.1.5 恢

7.1 违例规则

违例（以及由此产生的死球）包含以下几种情况：

7.1.1 运动员击打落地反弹前的发球或接发球（没有遵守双反弹规则）。

7.1.2 把球打在运动员自己这边的球网，而球没有越过网到达对方一侧。

7.1.3 把球打在网下，或网与网柱之间。

7.1.4 运动员击球后，球先落到界外或运动员己方球场。

7.1.5 运动员在球落地两次之前没有回球，坐轮椅的运动员在球落地三次之前没有回球。

7.1.6 违反第 4、第 8 和第 10 部分的规则。

7.1.7 比赛中，运动员和运动员的衣服或球拍触碰到球网、网柱或对方场地视为违例。

7.1.8 发球后，球接触运动员或运动员穿着或携带的任何东西，除了球拍或运动员握球拍的手腕以下部位。如果运动员正在换手，双手都放在球拍上，或运动员正试图双手击球，此时球击中任何一只手腕以下方部位，比赛继续。

7.1.9 一个有效球，在它变成死球之前被运动员截住（例如，球在接触比赛场地之前被接住或截住）。自行停止比赛的运动员将被判违例。

7.1.10 发球后，球在落地反弹之前触碰到任何固定物体。

7.1.11 在比赛中，运动员在球完全越过球网平面之前击球。

7.1.12 在发球或击球时，运动员故意用球拍带球或抓球。

7.1.13 运动员声称干扰停止比赛，但被裁判员判定无效。

7.1.14 在信任制（没有裁判员）的比赛中，运动员可以携带额外的球，只要在比赛中对手看不到此球。但是如果在比赛过程中，运动员携带的球掉在了比赛场地上，将被判违例。

7.2 死球规则

7.2.1 任何停止比赛的行为都会导致死球。

7.2.2 裁判员或运动员呼叫违例，或运动员自身产生的违例，都会造成死球。

7.2.3 裁判员或运动员的干扰呼报会导致死球。裁判员将裁定运动员的呼叫是否是干扰，若呼叫造成干扰，则重赛。

7.2.4 比赛中的球在落在对方场地后接触到一个永久固定的物体将会产生一个死球。击出此球的运动员将赢得此回合。

7.2.5 除了非截击区犯规，只有在球处于活球时才可判罚违例（犯规）。对违例的判罚（除了非截击区违例）通常是在被发现的那一刻执行的（例如，不正确的球员、位置，分散对手注意力，双弹跳等）。但是也可以在下一次发球之前的任何时候实施判罚。

判例： 运动员击球后允许越过球网假想延伸线，但这需要他没有触碰到任何球场装置。

答案： 正确。

PART 8

第 8 部分

非截击区规则

8.1 所有的截击必须在非截击区之外开始。对于使用轮椅的运动员，在截击时，前轮（较小的）可碰到非截击区。

8.2 如果截击运动员或该运动员的任何东西触及非截击区，那就是违例。对于使用轮椅的运动员，前轮（较小的轮）可触及非截击区。

8.2.1 截击球的动作包括挥拍、跟进动作和惯性动作。

8.2.2 如果在截击动作中，在接触球之前或之后，球拍接触到了非截击区，那也是违例。

8.3 如果截击球员因惯性导致运动员接触到任何非截击区内的东西，包括运动员的搭档，那就是违例，对于使用轮椅的运动员，前面（较小）车轮可以接触到非截击区。

8.3.1 即使已经是一个死球了，但截击球员因惯性动作接触到非截击区，这也是一个违例。

8.4 运动员在双脚必须完全处于非截击区外·才可以截击球。运动员因任何原因接触了非截击区，例如，站在非截击区内，跳起截击球，然后落在非截击区外的动作属于违例。如果轮椅的后轮由于某种原因接触到了非截击区，运动员不能截击，直到两个后轮都到了非截击区外才可以。

8.5 运动员可以在任何时候进入非截击区，除非他正在截击球。

8.6 回击落地反弹球之前或之后，运动员都可以进入非截击区。

8.7 运动员可以待在非截击区内接落地球。如果运动员在回击落地球后没有退出非截击区，不算违例。

8.8 运动员回击球时，他的搭档站在非截击区内，不算违例。

判例 1：运动员站在非截击区内跳起来截击，然后落在非截击区外，是允许的。

答　案：错误。

判例2：比赛中，对方的球击中了本方运动员不慎跌落在非截击区地面的佩戴物，运动员可以要求重打。

答　案：错误。 本方运动员的佩戴物掉落在非截击区地面已经构成违例。

判例3：站在非截击区线后面的运动员在球落地之前在低位击回球。挥拍后，他的球拍在与球接触之前刮擦了非截击区球场表面。这是一个违例，因为球拍在挥拍过程中接触了非截击区。

答　案：正确。

判例4：运动员在截击区截击时与他的搭档相撞，由于截击抽球导致撞击搭档进入了非截击区，这是一个违例。

答　案：正确。

判例5：一名站在非截击区外的运动员截击，但开始失去平衡。为了防止自己踏入非截击区，他跳过角落并进入界外区域，然后在死球前触碰了网柱。这是违例。

答　案：正确。运动员活球期间触碰网柱构成违例。

PART 9

第 9 部分
暂停规则

9.1　标准暂停

运动员或运动队在 11 分或 15 分的比赛中可以暂停两次。在发球得分制的 21 分比赛中可以暂停三次。

9.1.1　　每次暂停时间不超过 1 分钟。

9.1.2　　如果所有运动员都准备好了，可以提前继续比赛。

9.1.3　　如果一个队还有暂停次数，该队的任何运动员都可以在下一次发球前叫暂停。

9.1.4　　发球前，如果一个队叫了暂停但已经没有剩余的暂停次数，无须处罚。

9.1.5　　裁判员会在暂停剩余 15 秒时宣布时间。暂停结束后，裁判员应宣布"比赛时间到"，然后在所有运动员都准备好（或应该准备好）比赛时呼报比分，然后开始比赛。

9.2　医疗暂停

比赛中需要医务治疗的运动员应该向裁判员申请医疗暂停。请求医疗暂停应遵循以下条例：

9.2.1　　裁判员应立即呼叫现场医务人员，如果没有医务人员在场，则由赛事监督 / 裁判长评估情况并进行适当的急救。

9.2.1.1　当医务人员或赛事监督 / 裁判长抵达时，裁判员再开始 15 分钟计时。

9.2.2　　如果医务人员或赛事监督 / 裁判长（没有医务人员在场）判定有医疗需求，该运动员的医疗暂停时间不可以超过 15 分钟。

9.2.2.1　医疗暂停是连续不能间断的，最长可达 15 分钟。如果运动员使用的时间少于 15 分钟，剩余时间将被取消，并且在本场比赛中该运动员将没有额外的医疗时间。

9.2.2.2　如果运动员在 15 分钟医疗暂停之后无法继续比赛，可申请使用剩余的标准暂停时间。如果仍然无法继续比赛，则

09

复继续比赛。

9.5.1 在局与局之间，运动员可以提前使用下一局的一次或全部标准暂停时间，但必须通知裁判员。如果没有裁判员，则需通知对手。如果一个队在预支的标准暂停开始前恢复比赛，该队可保留标准暂停次数在开局后使用。预支标准暂停应在正常的局与局 2 分钟休息之后使用。

9.6 比赛场间休息时间

一场比赛与下一场比赛之间标准休息时间是 10 分钟。如果所有运动员在 10 分钟前准备好比赛，比赛可以提前开始。

9.6.1 在双淘汰制冠亚军的决赛中，如果输方组的运动员击败了赢方组的运动员，那么必须要加赛一局 15 分（发球得分制）或 21 分（直接得分制）的决胜局比赛。冠亚军决赛和决胜局之间的标准休息时间是 10 分钟。

9.7 暂缓比赛

因特殊情况可暂缓比赛，但必须在相同的发球员，得分和剩余暂停次数等其他情况下重新恢复比赛。

9.8 其他暂停规则

9.8.1 比赛开始前，医疗或标准暂停都不能使用。所有的运动员都到场后才能呼报分数及比赛开始。一场多局的比赛中，在第二局和随后的局开始比赛前可以预支标准暂停。

9.8.2 特殊情况：比赛中遇到特殊情况，裁判员可以使用裁判暂停来进行处理，因此可能需要延长比赛中断的时间。

9.8.2.1 为了安全起见，如果裁判员确定存在潜在的医疗情况（如中暑虚脱、昏厥等），此时运动员无法或拒绝申请医疗暂停，裁判员有权使用裁判暂停并通知医务人员或赛事监督／裁判长。裁判员要求的医疗暂停不会占用该运动员的医疗暂停次数。

9.8.2.2 活性出血应根据规则 9.2.5 处理。

9.8.2.3　　球场上的异物，如碎片、水或其他液体，应清除或清理干净。

9.8.2.4　　使用规则 9.1.5 恢复继续比赛。

判例 1：A 运动员要求医疗暂停，在医务人员到达之后，确定运动员不可以继续比赛。裁判员应执行什么操作？

答　案：按场弃赛处理，弃赛之前 A 运动员的比赛得分成绩予以保留。

判例 2：三局两胜制的一局比赛结束后，A 运动员是否可以在局间休息时预支下一局的 1 次或 2 次标准暂停次数。

答　案：可以。

PART 10

第 10 部分

其他规则

10.1　双击

球可以被击打两次，但这必须发生在同一名运动员无意的、连续的、单向的击球过程中。如果在发球或击球时故意不连续，或不朝一个方向，或球被另一名运动员击打，这就是违例。

10.2　换手

允许运动员在任何时候把球拍在两手之间转换使用。

10.3　双手握拍

双手持拍击球是允许的。

10.4　未击中球

一名运动员在试图击球时完全没有击中球，这不会产生死球，比赛继续，直到它落地反弹两次或出现任何其他违例。

10.5　破碎或破裂的球

任何运动员在发球后怀疑球破裂，比赛必须继续，直到此回合对打结束。在有裁判员的比赛中，运动员可以在发球前向裁判员申诉，以确定球是否损坏、变软、破裂或有裂纹。根据裁判员的判断，认为破裂的球会影响比赛的结果，裁判员将更换球，并重打此回合。

在无裁判员比赛中，如果双方同意，运动员可以在下一次发球前更换被损坏、变软、破裂或有裂纹的球。只有在球裂开或者破裂的情况下，且所有运动员都同意裂开或破裂的球影响了先前的回合对打，才可以重赛。如果有运动员不同意，之前回合的比赛结果不变。

10.6　比赛受伤

一个回合对打中，即使有运动员受伤，对打需继续进行直

10

至回合结束。

10.7 运动员装备失调

如果运动员掉落或折断了球拍或掉落了其他物件，此回合对打需继续进行，除非该行为导致了一次违例。

10.8 场地上的物品

如果运动员穿着或携带的任何物品掉落在他们的场地一方，除非该物品因截击而掉落在非截击区，否则即使球击中了该物品，比赛也将继续进行。

10.9 球网垂直平面

越过球网垂直平面击球属违例。击球后，运动员或运动员穿着或携带的任何东西都可以越过球网垂直平面，但是比赛进行时，运动员不得触碰球网、对方场地或对手的任何部位。

10.9.1 例外：如果球有足够大的旋转，落入接球方的场地后回弹越过球网，接球运动员可以越过球网垂直平面（在网柱上方、下方或周围）击球。如果接球方（或接球方穿着或携带的任何东西）在球第一次越过球网垂直平面之前越过球网垂直平面击球，将被判违例。如果运动员在活球的时候触及球网、对方场地或对手任何部位，也将被判违例。

10.10 分散对手注意

当对手即将击球时，运动员不得有分散对手注意力的行为。如果裁判员判定有分散对手注意力的行为，应立即给予该队一次违例处罚。

10.11 网柱

网柱（包括连接的轮、臂或其他支撑结构），如果运动员在回合对打中触碰网柱，将被判违例。

10.11.1 如果球接触到网、网线或网柱之间绳子的情况发生，比赛仍需继续。

10.12　网

10.12.1　网和支撑网的金属丝或细绳（大部分）都在场地上。因此，如果球碰到了球网的顶部，或碰到了顶部的网丝或线，并且掉落在了界内，比赛仍需继续。

10.12.2　如果球在球网和网柱之间穿过，便是击球运动员违例。

10.12.3　运动员可以在击球后绕过网柱，越过网的假想延长线，只要该运动员或他／她穿着或携带的任何物品未触及对方场地。如果运动员没有击到球，绕过网柱，越过网的假想延长线，将被判违例。

10.12.4　运动员将球击过球网落入对方场地，然后球反弹过球网，在第二次落地反弹前没有被对方击到，击球的运动员赢得这个回合对打。

10.12.5　对于带有水平杆或中心柱的网，或两者都有的网：

10.12.5.1　在球过网前，如果球碰到了水平杆或中心柱，将被判违例。

10.12.5.2　除发球外，如果球越过了球网，且击中了水平杆或中心柱的任何部位，或球被夹在球网和中心柱之间，此回合重赛。除发球外，如果球越过了球网，在球场上落地反弹后出现上面列出的三个情况中的任何一个，此回合重赛。

10.12.5.3　在发球时，球越网之前，击中了水平杆或中心柱，或过网后被夹在网和水平杠之间，将被判违例。

10.12.5.4　在比赛中，球网系统的任何故障都将被视为比赛干扰。

10.13　在网柱周围击球

10.13.1　运动员可以在网柱外侧击球，球不需要从球网上方越过。

10.13.2　对回球的高度没有限制，运动员可以低于球网的高度绕过网柱将球击回。

10.14　一支球拍

一名运动员在一个回合中不得使用或携带超过一支球拍。违反这条规则将判处违例。

10.15　手握球拍击球

运动员必须用手握住球拍击球。违反这条规则属于违例（例外情况见规则 10.8）

10.16　电子设备

比赛中运动员不得佩戴或使用任何形式的耳机或耳塞。例外：允许使用医生处方的或必要的助听器。

判例 1：发球后，即使运动员怀疑球被打破或破裂，比赛也必须继续进行到一个回合结束。

答　案：正确。

判例 2：裁判员可以在一个回合进行期间立即对运动员处罚分散对手注意违例。

答　案：正确。

判例 3：网柱（包括连接的轮子、网柱腿、臂或其他支撑结构）位于界外。如果运动员在打球时接触网柱，这是一个违例。

答　案：正确。

PART 11

第 11 部分

认证的比赛和赛制

11.1　　按比赛项目分类

男子：单打和双打。

女子：单打和双打。

混合：双打。

轮椅：单打和双打。

团体：推荐至少两男两女组成团队竞赛。

11.1.1　　在有性别限制的项目中，只有该性别的成员才被允许参加该项目。

11.1.2　　混合双打：混合双打队伍应由一名男运动员和一名女运动员组成。

11.1.3　　使用轮椅的运动员可以与站立搭档或轮椅搭档参加男子双打、女子双打或混合双打比赛。

11.2　　按区域或行业分类

某特定行业比赛。

省市区域比赛。

全国性锦标赛或系列赛事。

全国综合性运动会中的专项比赛。

11.2.1　　满足中国网球协会认证赛事各项要求的比赛均可获得认证。中国网球协会将在官网公布认证赛事要求，并且在官网公布认证赛事清单。参加认证赛事的运动员可以获得国家级或国际级运动员等级评定。

11.3　　赛事计分方式

11.3.1　　发球得分制：

11.3.1.1　　推荐的赛制及计分方式为三局两胜制，每局 11 分。

11

11.3.1.2　　其他选项包括：单局决胜制，一局 11 分或 15 分或 21 分。

11.3.1.3　　除赛事另有规定，每局都需领先 2 分才获胜。

11.3.2　　　直接得分制：

11.3.2.1　　推荐的赛制及计分方式是三局两胜制，每局 15 分，先获得 15 分的队获胜本局。

11.3.2.2　　其他选项包括：单局决胜制，一局 21 分，先获得 21 分的队获胜。

11.4　　赛制

11.4.1　　双淘汰制：每轮次比赛获胜的运动员／运动队进入胜区，失利运动员／运动队进入安慰组。在安慰组中输了一场比赛后，该运动员／运动队就会被淘汰。安慰组决赛获胜方将与胜者组最后的获胜方争夺冠亚军。如果安慰奖的运动员／运动队打败了胜者组，必须加赛一局决胜局决定第一名和第二名。安慰组决赛的失利运动员／运动队将获得第三名。

11.4.2　　循环赛：所有的运动员／运动队都需互相比赛。

　　　　　　比赛可以使用任何规则 11.3 允许的赛事计分方式。根据获胜的比赛场数来确定获胜方。如果两个或两个以上的队获胜场数打平，应根据以下规则及顺序分出胜负。

11.4.2.1　　退赛的运动员／运动队在平分排名中排名靠后。

　　　　　　任何退出比赛组别的运动员／运动队将只参考他们赢得比赛的记录（例如，A 队三胜，B 队三胜，C 队三胜，但是 C 队退出了他们的上一场比赛，因此 C 队的三场胜利是其最后排名，他们不会被允许参加平分排名。A 队在循环赛中击败了 B 队，因此 A 队获得第一名，B 队获得第二名，C 队获得第三名）。

11.4.2.2　　平分的队以循环赛中相互间比赛胜负关系确定排名，胜者排名在前。

11.4.2.3　　比较所有已赛的净胜小分的总和，总和分值高者排前。

11.4.2.4   各平分队之间的净胜小分的总和，总和分值高者排前。

11.4.3   分组循环赛：将参赛者分成两个或多个小组，每个小组进行一轮循环赛，晋级队再采用双淘汰赛比赛，直至分出排名。

11.5   抽签和种子

赛事监督 / 裁判长和其授权的赛事编排组对运动员 / 运动队进行种子和非种子分级，并为每项比赛设立公平抽签。

11.6   比赛公告

每个运动员都有责任查阅公布的赛事规程及日程表，以了解每场比赛赛制、时间和地点。赛程如有任何改变，赛事监督 / 裁判长或他们指定的代表应通知运动员变动的部分。

11.7   弃赛和退赛

11.7.1   一场比赛宣布开始后，运动员 / 运动队唯一可以停止继续比赛的选项只有弃赛（放弃本场比赛）。

11.7.2   在比赛中，如果运动员不能在 15 分钟医疗暂停后立即恢复比赛，将被判弃赛。

11.7.3   运动员 / 运动队须在比赛中向裁判员提出弃赛请求。

11.7.4   在比赛中要求弃赛的运动员 / 运动队，或受到规则处罚而强制弃赛的运动员 / 运动队，将按照弃赛的相关计分规则记录分数。

11.7.4.1   运动员 / 运动队在上一场比赛选择弃赛后，仍有资格参加同一组别的下一场比赛。

11.7.5   退赛：

11.7.5.1   运动员 / 运动队可以在赛程分组开始前请求退赛。

11.7.5.2   运动员 / 运动队完成了一场比赛后，可请求退出该组别中所有未完成的比赛。该请求须在开始下一场比赛的初始比分被呼报之前提出。

11.7.5.3　运动员 / 运动队须向赛事监督 / 裁判长提出退赛请求。

11.7.5.4　退赛的运动员 / 运动队将被取消该组别所有未来比赛的参赛权。

11.7.5.5　退赛的运动员 / 运动队应按照退赛的规则计分。(参见规则 11.7.7)

11.7.6　弃赛和强制弃赛、驱逐、开除的计分规则：

11.7.6.1　应记录弃赛运动员 / 运动队弃赛时的实际比赛成绩。计算对手应获得必要的分数以完成比赛，并确保 2 分的差距。例如，在三局两胜制比赛的第一场比赛中，当比分是 10 : 5 时，获得 10 分的运动队弃赛，这最终分数将被记录："11 : 10，11 : 0"。

强制弃赛、驱逐或驱逐出场后的比赛分数应记录：

三局两胜制："11 : 0，11 : 0"。

单局 15 分或 21 分制："15 : 0"或"21 : 0"。

11.7.6.2　弃赛或被强制弃赛的运动员 / 运动队，可以继续参加任何未来的比赛。

11.7.6.3　被驱逐、强制弃赛和弃赛之前的场次得分将被保留。

11.7.7　退赛后剩余比赛的计分规则：

11.7.7.1　三局两胜制："0 : 0，0 : 0"。

单局 15 分制："0 : 0"。

单局 21 分制："0 : 0"。

11.7.7.2　退赛之前完成的场次得分将被保留。

11.8　参赛计划

一名运动员不允许在同一天参加多个时间上重叠、有冲突的组别比赛。

11.9　双打比赛分级规则

11.9.1　在等级级别赛中，评级较高的运动员决定了运动队的技术分级。

11.9.2　在基于年龄分组的成人赛事 (19 岁及以上) 中，较低年龄的运动员决定该队的年龄分组。运动员可以参加年龄较低的组别比赛，除非赛程另有规定。

11.10　青少年比赛规则

11.10.1　赛事需单独设置青少年 12 ～ 18 岁分年龄组别的比赛。两年为一个组别，如 U12、U14、U16、U18。

11.10.2　如果没有设置青少年组别，或没有足够的参赛者，经赛事监督 / 裁判长同意，青少年可以作为成年人参加 19 岁及以上的赛事，小于 12 岁的可以参加青少年组的比赛。

11.11　团体比赛规则

11.11.1　团体赛组队的人数，三男三女制或五男五女制。

11.11.2　可全部或部分选择男单、女单、男双、女双和混双项目的比赛。

11.11.3　每个单项胜方获得 3 分，输方获得 1 分，退赛、弃赛或强制弃赛方获得 0 分。以两个团队之间比赛的所有单项得分总和分出胜负。

11.11.4　两个团队之间比赛胜方获得 3 分，输方获得 1 分，退赛、弃赛或强制弃赛方获得 0 分。团体排名时，若两个团队出现平分，则由两队之前比赛的胜负关系确定排名，胜者排前。若三个及以上团队出现平分，则比较三个及以上团队与所有团队之间的净胜场总和，多者排前。如相同，则比较三个及以上团队之间的净胜场总和，多者列前。

11.11.5　三男三女制中，每位运动员最多可以参加 2 个单项比赛，五男五女制中，每位运动员只可以参加一个单项比赛。

11.12　　　　更换球场

赛事监督 / 裁判长或授权人员可在任何一局比赛结束后决定更换场地继续比赛。

11.13　　　　计分表

比赛项目（Event）＿＿＿＿＿＿＿＿＿＿＿＿　　　　比赛场次（match）＿＿＿＿＿

队伍一（Team1）＿＿＿＿＿＿＿＿＿＿＿＿＿　　　　比赛场场（Court）＿＿＿＿＿

一发　　　　　　　　二发　　　　　　　　　　　　裁 判 员（Referee）＿＿＿＿＿

（first serve）☐　（Second serve）☐　　　　　　　赛　　制（format）＿＿＿＿＿

发球方（Serve）　　　　　　　　　　　　　局暂停　技术警告　技术犯规　医疗暂停

　　　　　　　　　　　　　　　　　　　　　（timeout）（TW）　（TF）　（MT）

	0	1	2	3	4	5	6	7	8	9	10	11	12	13	14	15
	0	1	2	3	4	5	6	7	8	9	10	11	12	13	14	15
	0	1	2	3	4	5	6	7	8	9	10	11	12	13	14	15

（以下为倒置的队伍二计分表 Team2）

判例：A 队因为严重违规被判罚输掉了三局两胜的第一局比赛，但以 11∶7 赢得了第二局比赛。在第三局比赛中，运动员 A2 受伤，需要医疗暂停，此时 A 队以 10∶5 领先。在 15 分钟的医疗暂停后，A2 无法继续，必须弃赛。最终分数应该如何记录？

答案：11∶0，7∶11，12∶10。第一局强制局弃赛计为 11∶0，第三局弃赛计为 12∶10。

PART 12

第 12 部分

赛事管理和运营

12.1 赛事监督 / 裁判长

赛事监督 / 裁判长负责管理整个赛事，包含分配技术官员及其工作职责范围。

12.1.1 运动员可以向赛事监督 / 裁判长或其指定人申诉任何裁判员的裁决。在遵守本官方规则基础上，赛事监督 / 裁判长保留最终裁决权。

12.1.2 在所有认证的赛事中，赛事监督 / 裁判长将提供一些方法来识别每支运动队在每场比赛中的首发球员。比赛期间，裁判员及所有运动员都必须能看到这个标识物。拒绝佩戴此标识的运动员将被强制弃赛。

12.1.3 赛事监督 / 裁判长应检查赛事所需保障物品以确保比赛计划正常举行，组织和分配赛事相关人员 (如急救、赛事志愿者等)。

12.1.4 赛事监督 / 裁判长有权驱逐、开除任何行为不端的运动员。

12.2 赛事规程及技术简报

12.2.1 在比赛开始之前，赛事竞赛委员会须公布包含本次比赛具体规定及实施细则在内的比赛规程。

12.2.2 赛事监督 / 裁判长应向运动员和裁判员简要介绍与比赛球场相关的独特特征、不正常的情况或危险。简报可能包括但不限于球场距离不一致 (如从底线到后围栏或障碍物的距离)、天花板低、有悬挂物、球场维修或可能影响球运动的损坏。如果可能，应以书面形式通知运动员，作为赛前技术信息的一部分。

12.3 裁判员职责

12.3.1 裁判员负责呼叫非截击区域违例、短发球、发球动作违例和发球脚违例。

12.3.2 如果裁判员清晰看到，可主动对运动员的边线呼叫进行改判。如果裁判员不能确定，则运动员或司线员的判定有效。如果运动员对对手的边线呼叫有异议，运动员可以要求裁判员裁决。

12.3.2.1　不应就任何边线判决咨询观众。

12.3.3　每场比赛开始前，裁判员必须：

12.3.3.1　检查球场，包括清洁、照明、球网高度、球场标志和危险因素。

12.3.3.2　检查比赛所需物品的可用性和适用性，如球、记分牌、铅笔和计时装置（秒表）。

12.3.4　每场比赛开始前，裁判员必须在球场边与运动员会面。

12.3.4.1　检查比赛用球拍是否合规。

12.3.4.2　指出经批准的规则修改、场地异常和非标准的球场条件，这些可能是潜在的安全问题，包括但不限于场地修缮或接缝，从底线到后围栏的不同距离，观众及其座位。

12.3.4.3　向运动员明确说明本场比赛裁判员、司线员和运动员的职责。

12.3.4.4　使用任何公平的方法来确定比赛选边、发球、接发球或让对手选择。

12.3.4.5　在发球得分制双打比赛中，确保每支运动队的首发球员佩戴官方标识，拒绝佩戴标识运动员将被强制弃赛。

12.3.5　比赛期间，裁判员必须：

12.3.5.1　如果球网有任何干扰因素，重新检查网的高度和位置。

12.3.5.2　在每个回合对打之前宣布比分，向双方表明比赛已经准备好开始。

12.3.5.3　每一分赢球之后宣布"得分"。

12.3.5.4　在每个回合结束或叫暂停后，在计分表上做适当的标注。

12.3.5.5　在发球得分制双打比赛中，当第一发球员所在队输掉此回合后，应宣布第二发球员发球。

12.3.5.6   适时宣布"换边发球"。

12.3.5.7   严格执行暂停程序。

12.3.5.8   规范运动员行为。裁判员有绝对权力对运动员发出口头警告、技术警告、技术犯规，并根据技术警告和技术犯规的组合实施强制弃赛。裁判员也可以向赛事监督／裁判长建议驱逐运动员。

12.4   运动员边线球判定和违例裁定追责

12.4.1   没有裁判员的比赛（信任制）：

12.4.1.1   本着良好的体育精神，运动员应该在发现自己违例时呼叫自己违例，此呼叫必须在下一次发球之前。

12.4.1.2   运动员负责呼叫自己这边球场所有线的出界，包括非截击区和发球脚违例。

12.4.1.3   运动员可以呼叫对方运动员的非截击区和发球脚违例。但如果双方无法达成一致意见，则重赛该回合。

12.4.2   有一个裁判员的比赛：

12.4.2.1   运动员负责呼叫自己球场的底线、边线和中心发球线的出界。

12.4.2.2   本着良好的体育精神，运动员应该在发现自己违例时呼叫自己违例，此呼叫必须在下一次发球之前。

12.4.3   有裁判员和第二裁判员或司线员的比赛：

12.4.3.1   运动员仅负责呼叫自己方中心线发球错区违例。

12.4.3.2   除了呼叫中心线违例，运动员呼叫其他出界无效，除非是为了挑战对自己队伍有利的判决。

12.4.3.3   运动员可以向裁判员申诉司线员做出的边线判决。

12.4.3.4   如果司线员和裁判员都不能做出边线判决，该回合重赛。

12.5　司线员

12.5.1　司线员在其管辖范围内做出边线判决和脚违例的呼叫判决，并通过大声喊"出界"或"发球脚违例"。

12.5.2　司线员可用"出界"手势来表示。

　　　　* 高于肩部手掌向上，伸出手臂指向出界方向，表示"出界"。

　　　　* 低于肩部手掌向下，伸出手臂指向地面，表示"界内"。

12.5.3　如果司线员显示"阻挡／看不清"信号，（双手遮住眼睛）时，裁判员如果清楚地看到球落地，则可以立即做出判决。如果裁判员不能做出判决，则应召集其余的裁判团队协助做出判决。

12.5.4　在申诉时，如果裁判员否决了司线员的"出界"改为"界内"，此分将重赛。

12.5.5　如果运动员不同意司线员对他们队有利的"出界"判决，此回合将重赛。

12.6　申诉

　　　　运动员可向裁判员提出申诉（如出界判决、二次弹跳等）。裁判员可以咨询运动员或司线员，来决定申诉的结果。

12.6.1　在没有司线员的比赛中，如果运动员向裁判员申诉边线球，只有裁判员清楚地看到球落在"界内"或"界外"时，他才能判决。如果裁判员不能做出判决，将保留原来的判决。如果无人能做出出界判决，球将被认定为在"界内"。

12.6.2　裁判员的最后判决结果将是以下之一：得或失一分、丢失发球权或重赛。

12.7　口头警告、技术警告和技术犯规

12.7.1　口头警告和技术警告：裁判员有权向每个运动员／运动队发出口头警告或技术警告。可导致口头或技术警告的行为如下：

12.7.1.1   针对他人发出令人反感的语言。

12.7.1.2   任何原因的亵渎（听觉或视觉）。裁判员将判断这一违例的严重程度。

12.7.1.3   与裁判员、其他运动员、或观众激烈争论，扰乱比赛流程。

12.7.1.4   故意毁坏或踩球，或在比赛回合之间故意暴力击打球。

12.7.1.5   在回合对打或局间不必要的拖延时间扰乱比赛流程。

12.7.1.6   申诉过度或过多不必要的边线球判定，中断比赛的流程。

12.7.1.7   对裁判员的决定或裁决提出质疑并挑战失败（如裁判员的裁决是正确的）。该运动员或运动队将失去一次标准暂停次数。

12.7.1.8   在医务人员或赛事监督/裁判长（如果没有医务人员在场）确定无须医疗暂停的情况下请求医疗暂停。

12.7.1.9   不符合体育精神的行为，包括但不限于重复质疑"出界"判决，这些申诉被裁判否决。

12.7.1.10   除了暂停和比赛之间休息时，接受除搭档之外任何人的指导。

12.7.2   技术犯规：裁判员有权发出技术犯规。当被判技术犯规时，违规运动员/运动队的分数将被扣除 1 分，如果违规运动员/运动队的分数为 0，则给对方的分加 1 分。导致技术犯规的动作或行为（事先无须发出技术警告）如下：

12.7.2.1   因沮丧或愤怒而不计后果地投掷、摔毁球拍，但并没有伤到人或损坏财产。

12.7.2.2   运动员使用极其令人讨厌的语言，或亵渎行为，不管是针对谁。

12.7.2.3   对任何人进行任何性质的威胁或攻击挑衅。

12.7.2.4   挑战裁判员的决定或裁决，并输掉挑战（如裁判员的裁决是正确的），而且没有暂停次数可用（口头警告不适用）。

12.7.2.5 任何其他极端违反体育道德的行为。

12.7.2.6 在没有医疗需求的情况下请求医疗暂停，并且运动队（或单打比赛中的运动员）没有剩余的标准暂停次数可用时（口头警告不适用）。

12.7.2.7 不在比赛时，故意投掷或击打球，并无视后果，无意击中一个人。

12.7.3 技术警告和技术犯规的影响：

技术警告或技术犯规应附有原因的简要说明。

12.7.3.1 技术警告不会导致比赛的得分或失分。

12.7.3.2 一旦发出技术警告，在比赛中，无论出于何种原因，对同一运动员／运动队发出第二次技术警告，将导致判罚该运动员／运动队技术犯规。

12.7.3.3 如果裁判员判罚技术犯规，将从犯规运动员／运动队的得分中扣除 1 分，如果他们的得分为 0，将在对方的得分上加 1 分。扣除或被奖励该计分的运动员／运动队必须自行移动到反映其分数的正确站位。

12.7.3.4 技术警告或技术犯规不会导致发球员变更或换边发球。

12.7.3.5 口头警告、技术警告和技术犯规可以于运动员在球场上的任何时候发出，无论比赛是否正在进行。这包括热身阶段。一个回合对打中不得给予警告或犯规而暂停。警告或犯规的判决应在回合对打结束后进行。

12.8 局强制弃赛

下列任何一种情况发生时，裁判员将强制当局弃赛：

12.8.1 获得一次技术警告后又被判处技术犯规（规则 12.7.2）。

12.8.2 根据规则 12.7.3.2 或规则 12.7.2 获得一次技术犯规，随后又因任何原因获得一次技术警告。

12.8.3 在单局定输赢的赛制，局强制弃赛就等于整场比赛强制弃赛。

12.8.4   在三局两胜制比赛，当运动员 / 运动队在比赛开始后 10
分钟内没有到达场地时，裁判员可以判当局强制弃赛。当
运动员 / 运动队在比赛开始后 15 分钟内没有到达场地时，
整场比赛将被强制弃赛。如果比赛形式是单局 15 分制或
单局 21 分制，当运动员 / 运动队在比赛开始后 10 分钟没
有报到时，这场比赛将被强制弃赛。如果特殊情况，赛事
监督 / 裁判长可允许运动员适当延时比赛。

12.9   整场强制弃赛

当出现下列情况之一时，裁判员将根据技术警告或技术犯
规的组合处以整场比赛强制弃赛处罚：

12.9.1   依据规则 12.7.2，获得两次技术警告和一次技术犯规。

12.9.2   按照规则 12.7.3.2 或 12.7.2 获得一次技术犯规，随后因
任何原因获得第二次技术犯规。

12.9.3   非技术警告或技术犯规的组合也会导致强制弃赛处罚。

12.9.3.1   故意用伤害性的方式向对手、工作人员或观众进行肢体
攻击。

12.9.3.2   因沮丧或愤怒而投掷球或球拍，致使他人或设施财产处于
危险之中。

12.9.4   未能遵守赛事或主办方设施的规则，或在比赛间隙对场地
或设施做出不当行为，或滥用接待区、更衣室或未能遵守
其他规则和程序，赛事监督 / 裁判长可对违规运动员判处
整场强制弃赛处罚。

12.10   挑战裁判员的裁决或决定

如果运动员不同意裁判员的裁决或决定，可以向赛事监督 /
裁判长或其指定人提出申诉。如果裁判员的裁定或决定是
正确的，运动员 / 运动队将被处罚一次标准暂停次数，并
给予技术警告 (见规则 12.7.1.7)。如果该运动员 / 运动队
没有多余暂停次数，而裁判员的裁决是正确的，则将被判
技术犯规 (见规则 12.7.2.2)。

12

但当裁判员的裁决或决定不正确时，该裁决将被推翻，如果可以，这个回合将重赛。

12.11 撤换司线员和裁判员

12.11.1 撤换司线员：裁判员基于自己或运动员的观察，可以任何合理的理由撤换司线员。如果裁判员根据自己的观察决定更换司线员，裁判员的决定是最终决定。如果所有运动员都同意，运动员也可以请求裁判员撤换一名司线员。如果裁判员不同意，裁判员必须咨询赛事监督／裁判长后做出最终决定。如果司线员被免职，赛事监督／裁判长将任命一名替代员。

12.11.2 撤换裁判员：如果所有运动员都同意，他们可以向赛事监督／裁判长请求撤换裁判员。赛事监督／裁判长保留撤换裁判员的最终决定权。如果一名裁判员被撤换，赛事监督／裁判长将指定一名替代员。

12.12 无裁判比赛

在以下情况，任何运动员都可以请求裁判员或赛事监督／裁判长判决：

12.12.1 运动员合理地认为对手故意持续地违反比赛规则。

12.12.2 出现了运动员不能快速和容易解决的争端。

12.13 驱逐出赛事和开除出赛场

如果赛事监督／裁判长认为运动员的特别恶劣行为会影响赛事的进行，可将该运动员驱逐出赛事。运动员在赛场的任何时候都可能因某些行为而被判决驱逐出赛事，可能包括但不限于：

12.13.1 使用种族、宗教、种族歧视、性别歧视或同性恋诽谤。

12.13.2 因滥用球拍或球而对运动员、工作人员或观众造成伤害。

12.13.3 向他人吐痰或咳嗽。

12.13.4   比赛中没有表现出"尽最大努力"。这包括但不限于打假球、无故强制弃赛、或消极比赛，无论是为了自己的利益还是其他原因。

12.13.5   除驱逐出赛事之外，赛事监督／裁判长还可以将运动员开除出比赛场地。

判例： 在比赛中，裁判员是否可以将行为严重不当的运动员驱逐出比赛？

答案： 不可以。